AF357196

QUELQUES PAGES

SUR

MGR LE DUC DE BOURBON,

TIRÉES DES MÉMOIRES INÉDITS

DU

COMTE DE CHOULOT,

Gentilhomme de la Chambre, et capitaine général des chasses de S. A. R.

VENDU AU PROFIT DES PAUVRES DE CHANTILLY.

PARIS,

CHEZ DENTU, LIBRAIRE, AU PALAIS-ROYAL.

1858

On lit, dans un article du *Dictionnaire Désobry*, qu'en 1830 monseigneur le duc de Bourbon a refusé de suivre Charles X. Si ce n'était point une erreur, ce serait une calomnie; l'auteur de cet article en est incapable. Je crois néanmoins devoir à la vérité, comme à la mémoire du prince, de protester de toutes mes forces contre la légèreté de cette opinion. J'ai été chargé par monseigneur le duc de Bourbon d'aller à Paris, le 29 juillet, et le 30 à Saint-Cloud, prendre les ordres du roi.

L'auteur de cette biographie trouvera dans les pages suivantes, détachées de Mémoires inédits, la preuve de l'erreur dans laquelle il est tombé.

Je ne demande aucune indulgence pour ces pages; elles ne méritent pas la critique qu'on pourrait en faire. Si je les publie quand même, c'est parce qu'elles contiennent des faits qui serviront à éclairer l'opinion sur le caractère de ce malheureux prince et sur son énergie dans les occasions qui en valaient la peine.

COMTE DE CHOULOT.

Mimont, février 1858.

QUELQUES PAGES

SUR

MGR LE DUC DE BOURBON.

Tous les peuples ont eu leurs jours néfastes ; ils ont cru à ces rumeurs vagues, à ces symptômes indéfinis qui se répandent instantanément au sein des nations, à la veille des grands événements. De notre temps, il y aurait un livre tout entier à faire sur les fêtes qui ont précédé les grandes catastrophes. La veille des ordonnances de Juillet, l'infortuné duc de Bourbon donnait, dans le château de Saint-Leu, grand dîner et spectacle à tous les princes de la maison d'Orléans.

La soirée était magnifique ; on avait pris le café devant le château, et on se promenait, de long en large, sur le sable doré des allées, au milieu des touffes de fleurs qui embaumaient l'air. Je causais avec M. Hyde de Neuville, lorsque M. le duc d'Orléans, passant à côté de nous, le prit mystérieusement par le bras, et ils s'éloignèrent.

Un instant après, de petits groupes se formèrent; les physionomies se rembrunirent, des conversations s'établirent à voix basse, et, malgré l'éclat des fanfares de la musique des lanciers de la garde, il me sembla sentir le sol trembler sous mes pieds. Qu'était donc cette fête? Le prélude de la catastrophe de Saint-Leu et des événements qui allaient emporter dans l'exil trois générations de rois!

Le 27 juillet, j'étais à Mortefontaine, que Mgr le duc de Bourbon avait acheté; je logeais au château et passais ordinairement mes soirées chez M. B***, chargé depuis longtemps des intérêts de Joseph Bonaparte.

Je portais un vif intérêt à cette famille, qui se composait de la mère et de deux filles qui aimaient les arts et les cultivaient avec succès. Elles n'avaient pu me dissimuler la reconnaissance qui les liait au nom de Bonaparte, et, en raison même de ces sentiments, connus dans le pays, elles redoutaient la voix de la malveillance et craignaient de voir supprimer la place de leur père.

On n'avait pas manqué, en effet, de chercher à leur faire un crime, auprès de Mgr le duc de Bourbon, de cette reconnaissance; mais le prince, sans que j'eusse besoin de prendre leur défense, m'avait dit : « Rassurez-les, et dites-leur que la constance de leurs sentiments m'est une garantie du zèle qu'ils prendront tous à mes intérêts. » Le cœur de cet excellent prince ne l'avait point trompé.

Le 27 au soir, après le dîner, ces dames faisaient de la musique, en attendant le courrier, qui était en retard. Tout à coup on frappe à la porte; un homme de confiance, envoyé par M. B***, qui était à Paris, apportait la nouvelle des événements de la journée : des groupes menaçants se formaient sur les boulevards et dans les rues de la capitale; une collision était imminente. Je demandai aussitôt mes chevaux et partis pour Chantilly, où je voulais donner des ordres avant de rejoindre le prince.

J'arrivai le lendemain à Saint-Leu. En descendant des hauteurs de la forêt de Montmorency, qui dominent le parc, je m'arrêtai pour regarder les tourbillons de fumée qui s'élevaient de différents points de Paris et flottaient sur la grande cité comme ces drapeaux sinistres qu'on hissait, au moyen âge, sur les tours des villes atteintes de la peste. L'air était calme et brûlant; les détonations de l'artillerie et des feux de peloton me permettaient, en quelque sorte, de suivre la marche des combattants. Immobile, le cœur gonflé, les yeux pleins de larmes et attachés sur les vapeurs que Paris formait à l'horizon, je me représentais tous les maux qu'entraîne la guerre civile, et, absorbé dans l'intérêt général de mon pays, j'oubliai quelque temps l'intérêt particulier qui m'appelait à Saint-Leu.

Je trouvai Mgr le duc de Bourbon profondément affecté des nouvelles qu'il recevait de Paris, des progrès que faisait la révolte, et plus préoccupé des dangers de la famille royale que de sa sûreté personnelle.

Durant ces trois journées, malgré les passions surexcitées et l'enivrement de la victoire, Mgr le duc de Bourbon put apprécier jusqu'où s'étendait l'influence de sa bonté. Le peuple, maître de la barrière de Clichy, non-seulement laissait librement circuler les hommes chargés de la correspondance du prince, mais ajoutait à la suscription des paquets : « Laissez passer, et respect à l'excellent prince de Condé! » Une larme mouilla la joue de l'auguste vieillard à la lecture du premier paquet ainsi recommandé. « Bien pour moi , dit-il ; mais eux ! »

Toujours préoccupé du sort du roi et des princes, il me fit appeler. « Partez, me dit-il avec anxiété, allez à Paris ; sachez ce que fait le roi, ce qu'il devient ; vos béquilles vous serviront de sauf-conduit ; vous passerez partout. »

En effet, avec l'aide des combattants, qui me tendirent la main, je pus franchir les premières barricades élevées dans la rue de Clichy et à l'entrée de la rue Caumartin.   .   .   .   .

.   .   .   .

Pendant mon absence, Mgr le duc de Bourbon avait appris l'arrivée du roi à Saint-Cloud ; en me voyant entrer il me demanda si je croyais le passage libre entre cette résidence royale et Saint-Leu. Je devinai sa pensée et lui proposai de partir sur-le-champ pour Saint-Cloud. Il me tendit la main sans me répondre, et, après un instant de silence : « Oui, demain matin de bonne heure ; il est trop tard maintenant. *Vous direz au roi que j'attends ses ordres, que je puis me faire tuer s'il le faut.* On me répète ici que je n'ai rien à craindre, comme si c'était là ce qui dût m'y retenir. Il faut que le roi sache où trouver les siens ; c'est à nous à donner l'exemple. Malgré mon âge, la fatigue ne m'est rien, dites-le bien au roi ; s'il en doute, parlez de ma dernière chasse : huit heures à cheval ! »

Ces paroles étaient prononcées avec l'accent d'une énergique et touchante simplicité.

Le lendemain, au jour, je montai à cheval. A la tête du pont de Neuilly, j'aperçus quelques bandes armées qui se rendaient à Paris ; elles s'y glissaient en silence, inquiètes du voisinage des troupes.

Je trouvai, en effet, entre Neuilly et Saint-Cloud, les premiers postes de la garde royale. A la vue de ces soldats restés fidèles, de ces chefs intrépides formés sous l'Empire, un rayon d'espoir vint illuminer mon cœur : la monarchie ne pouvait pas succomber avec de tels défenseurs. Je l'avoue, me rappelant les paroles du duc de Bourbon : « Je puis me faire tuer, dites-le au roi, » et pensant au rôle que le dernier des Condé pouvait être appelé à jouer dans ce grand drame, je m'enivrai de mes propres illusions ; je voyais le prince, pour lequel j'eusse donné cent fois ma vie, marcher à la tête de ces braves soldats, triompher de la révolte ou tomber glorieusement, enveloppé dans les plis de l'antique drapeau de Rocroy ; et, comme si j'eusse eu le pressentiment de l'ignominie que l'on s'efforcerait bientôt d'attacher à son nom, j'enviais pour lui cette mort des braves.

Quelques centaines de pas suffirent pour faire évanouir toutes mes illusions ; je me trouvai tout à coup entouré des éléments épars de la monarchie, comme des ruines d'un palais renversé par un tremblement de terre.

Je rencontrai là quelques braves généraux éconduits par l'étiquette de cour parce que, dans ce grand naufrage, ils avaient quitté leur uniforme pour traverser le flot populaire et apporter au roi leur cœur et leur épée.

Si quelque chose pouvait diminuer le charme des illusions qui entourent la royauté, c'est la facilité avec laquelle on la quitte ou on y arrive. Charles X avait pesé son sceptre; il l'avait trouvé trop léger à côté du sang qu'il fallait répandre pour le conserver. Résigné à l'exil, le roi n'avait que faire du dévouement du prince de Condé. Je retournai tristement à Saint-Leu. En me voyant entrer lentement dans son appartement, le prince me dit, avant que j'eusse prononcé une parole : « Est-ce qu'il n'y a pas d'ordre?—Non, Monseigneur. » Il porta la main à son front et demeura un instant absorbé dans ses pensées. « Enfin, qui est auprès du roi? — Quelques régiments de la garde et les gardes du corps. — Sans doute, mais en face d'une révolution c'est un homme qu'il faut; car c'est une révolution ! » Il répéta ce mot plusieurs fois en se laissant tomber avec découragement sur une chaise.

Une personne présente à cette conversation, et qui jusque-là avait gardé le silence, répondant à la pensée du prince, l'engagea à se calmer et à être bien persuadé que cet homme paraîtrait quand le moment serait venu.

J'avais appris en entrant au château qu'on avait envoyé secrètement à Neuilly. M. le duc d'Orléans était donc ce sauveur sur lequel on comptait pour diriger la révolution. . . . .

. . . .

Forcé de quitter Saint-Leu je fus m'établir à Chantilly. Le prince m'y faisait parvenir ses ordres et me rappelait quelquefois auprès de sa personne. L'ayant trouvé, un jour, plus abattu qu'à l'ordinaire, je pris la liberté de lui dire qu'avec ses goûts et sa fortune il ne fallait que vouloir pour retrouver le calme et la tranquillité qu'il n'espérait plus en France, qu'il connaissait l'Angleterre, qu'il y avait laissé des amis. « Non, reprit-il, j'ai des raisons pour ne pas retourner en Angleterre. M. le duc d'Orléans m'a fait proposer des passeports; je sais qu'on a fait préparer secrètement des relais et une voiture à Moisselle pour me conduire à Calais; mais, quand je partirai, je veux qu'on ignore la route que je prendrai; le lieu de ma retraite m'est indifférent, pourvu que ce ne soit pas en Angleterre. Retournez à Chantilly, tenez-vous prêt, je vous ferai prévenir. »

Le lendemain de cette entrevue, on vint m'annoncer que des bandes armées se dirigeaient sur le château, pour abattre les armes des Condé. M. S***, étranger à Chantilly, où il s'était établi depuis peu, et connu par l'exaltation de ses opinions républicaines, vint me trouver; il me représenta le danger qu'il y aurait à s'opposer à la volonté du peuple; que le plus sûr moyen était d'aller au-devant de son désir en faisant effacer l'écusson de la maison de Condé élevé sur la grille d'entrée. Je lui répondis que je ne ferais rien et ne laisserais rien faire sans ordre, que j'étais entouré d'hommes dévoués au prince, et que je comptais aussi sur la reconnaissance d'une grande partie des habitants de Chantilly.

Voyant qu'il ne pouvait rien obtenir, il me quitta, et revint, quelque temps après, accompagné d'un riche propriétaire de Chantilly. Tous deux me dirent que non-seulement j'exposais le château à être pillé et brûlé, mais que je compromettrais la sûreté de la ville. Je consentis à envoyer un courrier à Mgr le duc de Bourbon ; quatre heures après, je recevais du prince cette réponse laconique : *Qu'on brûle le château si vous ne pouvez l'empêcher, mais ne laissez pas souiller mes armes.*

Je cite ces paroles du duc de Bourbon pour donner un démenti formel à ceux qui, ne l'ayant même jamais vu, affectent de croire à la faiblesse de son caractère, pour faire de cette faiblesse le prétexte de leurs calomnies.

Né au milieu des mœurs dissolues du règne de Louis XV, fruits de la Régence, son éducation s'était ressentie de l'influence funeste de cette époque ; mais un cœur élevé, un sens droit le maintinrent toujours dans la ligne rigoureuse des devoirs que lui imposaient sa place auprès du trône, l'obéissance au chef de l'État, le respect à la religion, et ce dévouement chevaleresque à la gloire qui a porté si haut l'écusson des Condé.

M. de Chateaubriand, qui avait oublié sans doute
la belle conduite du jeune duc de Bourbon devant
Gibraltar; son humanité à l'armée de Condé, en
payant de son or ou défendant de son sabre la vie
des prisonniers contre les Michalowitz; ses blessures reçues au combat de Berstheim, et qui ne sa-
vait de la vie privée de ce malheureux prince que
ce que la calomnie lui en avait appris, laissa échapper ces dures paroles sur ses cendres à peine refroi-
dies : « Bossuet lui-même n'eût rien trouvé à dire
sur là tombe du dernier des Condé! » Certes,
quelques grands enseignements tirés des vissicitudes
de la vie des princes, quelques nobles et touchantes
paroles fussent tombées des lèvres de l'orateur
chrétien en rappelant la naissance illustre et les
malheurs du père exilé, de ce prince dont le bras
avait été mutilé en défendant son drapeau, de ce
père du duc d'Enghien donnant pieusement un
tombeau dans l'église de Saint-Leu aux restes du
père de Bonaparte, dont, par une amère dérision
du sort, il était devenu en quelque sorte le gar-
dien.

Qu'on nous permette de placer ici quelques dé-
tails tirés des conversations et des lettres de Mgr le
duc de Bourbon; il s'y peindra lui-même, et ce
portrait d'après nature repoussera la calomnie et les
mensonges accrédités par l'ignorance ou la mau-
vaise foi de ceux qui ont méconnu les qualités

que nous avons été, maintes fois, à même d'apprécier.

Il aimait à se rappeler sa jeunesse, à parler de ses
premières chasses, de son éducation toute guerrière,
de la sévérité et de l'air imposant de son gouverneur, appuyé sur sa longue canne à pomme d'or,
ôtant et posant gravement sa perruque sur la table
toutes les fois que son élève avait mérité une cor-
rection. Il nous racontait que, dans son enfance, son
père lui faisait faire de longues courses à pied et à
cheval; qu'il chassait des journées entières sans
qu'il lui fût permis de se plaindre de la fatigue. On
le conduisait ensuite dans les hôpitaux, pour assister
aux opérations les plus douloureuses. « On me
permettait de sentir intérieurement, nous disait-il,
mais les regards sévères de mon gouverneur épiaient
la moindre altération de mes traits, et il me tançait
d'importance si je faiblissais. La leçon était à deux
fins, car, en sortant de là, on me faisait toujours vi-
der ma bourse dans le giron de la fille ou de la
femme du pauvre patient. »

Mgr le duc de Bourbon racontait avec une simplicité
naturelle qui excluait la prétention au bel-esprit,
mais non la grâce et la finesse de l'expression. Les
rubans, les falbalas, l'or, la soie et toute cette toi-
lette pompadourienne de la société du temps de
Louis XV étaient restés dans son imagination, et,
quand il nous en parlait, son récit s'imprégnait

tellement du ton local et des manières de l'époque
que nous croyions avoir devant les yeux un tableau
de Boucher.

Comme tous les hommes que le malheur a longtemps éprouvés, Mgr le duc de Bourbon était silencieux ; une douce mélancolie voilait habituellement
sa noble et belle figure. Né dans un palais, il préfé-
rait un petit réduit, drapé comme une tente, qu'il
était toujours prêt à quitter pour l'action. Il aimait
l'imposante majesté des forêts, dont le silence parle
à l'âme; il écoutait avec ravissement le son lointain
des cors sous le dôme des futaies séculaires, et lan-
çait son cheval avec l'ardeur et l'insouciance d'un
jeune homme à la suite d'un cerf ou d'un sanglier,
dont la fureur lui devenait quelquefois funeste.

Les lettres de Mgr le duc de Bourbon sont l'expression vraie et souvent naïve de son caractère. Il s'y
montre toujours bon, aimable et plein de sen-
sibilité.

En voici une qu'il nous a été permis de copier :

« J'ai commencé ma journée par une bonne action ;
« tout le reste s'en est ressenti : temps superbe, chasse
« magnifique; un cerf dix cors jeunement forcé après
« trois heures de chasse sans un seul défaut.

« Je manque au précepte divin qui veut que la main
« gauche ignore ce que donne la droite ; mais il n'y
« est pas dit que le cœur ne partagera pas son aise avec
« un autre.

« Nous étions en voiture à trois heures ; Manoury
« avait, heureusement, oublié une pièce importante du
« déjeuner.

« Nous attendions, les yeux à demi clos, tout prêts à
« continuer notre nuit, lorsqu'un homme bien mis,
« mais pâle, les traits bouleversés, s'approche de la voi-
« ture et me supplie de lire le papier qu'il me tend
« d'une main tremblante.

« Je joins ici sa lettre ; mais, pour en être ému comme
« je l'ai été, il faudrait avoir devant les yeux sa figure
« de vieux soldat et ses cheveux blancs.

« N'en parlez pas, d'abord pour lui, et puis pour moi,
« que les petits gouverneurs bouderaient pour avoir
« retenu par la basque de son uniforme un soldat de
« la République et de l'Empire, au moment où il allait
« se jeter dans la Seine. J'ai signé un bon de 10,000 fr.
« Il a été bien heureux et moi bien content ; et vous aussi,
« n'est-ce pas ? »

Voilà cette lettre :

« Monseigneur,

« Mon nom vous est connu ; je dois au secrétaire de
« vos commandements la place que j'occupe au minis-

« tère ; mais ce que Votre Altesse ignore, c'est que je fai-
« sais partie des dragons au milieu desquels vous avez
« été blessé à Bershteim. J'ai toujours combattu contre
« vous, j'ose cependant espérer en vous ; je ne peux plus
« espérer qu'en vous seul. Je suis bien coupable ; tenté
« par l'espoir du gain, j'ai perdu 10,000 francs qui de-
« vaient rester dans la caisse qui m'était confiée. Dans
« quelques heures mon crime sera connu du ministre.
« C'est trop de honte pour les cheveux blancs d'un
« vieux soldat ; j'aime mieux mourir si vous m'aban-
« donnez. »

On sent à la lecture de la lettre de Mgr le duc de
Bourbon que les qualités de son âme étaient supé-
rieures aux tristes avantages de sa naissance. Presque
septuagénaire, ses sombres jours s'illuminent par
le souvenir d'une bonne action ; on voit son cœur
battre, son sang se réchauffer dans ses veines, la
nature s'embellir à ses yeux : « Le temps est superbe,
la chasse magnifique ; » il a besoin de faire partager
son *aise* parce que son cœur déborde ; et pourquoi ?
pour avoir arraché un homme au désespoir et à la
honte du suicide...

Comme les âmes fortement trempées, Mgr le duc
de Bourbon aimait la fatigue et se plaisait au milieu
du danger ; dur pour lui-même, il était doux et

compatissant pour les maux des autres. Il avait attaqué un grand sanglier dans la forêt d'Erme-nonville; l'animal faisait tête aux chiens et chargeait les hommes. Un porte-arquebuse est culbuté. Le prince, oubliant son grand âge, lance son cheval sur le sanglier; le pauvre cheval a le poitrail ouvert; il se renverse sur son cavalier et lui casse la clavi-cule; mais le porte-arquebuse était sauvé.

Quelques années plus tard, il courait un cerf dans le parc de Chantilly: son cheval s'abat. Le comte de Mazin accourt et trouve le prince étendu par terre. Par un heureux hazard, un ancien chirurgien-major qui habitait Senlis traversait le parc; M. de Mazin l'appelle. Après une courte exploration, l'homme de l'art dit au prince que la cuisse est cassée. « Je le sens bien; il faut la remettre. — Ici ? — Ici, comme sur un champ de bataille. » Le soir un paysan rap-portait au château une vingtaine de louis qu'il avait ramassés à la place où l'accident avait eu lieu. « Qu'il les garde, le brave homme, dit le prince; à quelque chose malheur est bon ! » Il avait alors soixante-douze ans. Quarante jours après il chassait en voiture !

Il n'avait pas seulement l'énergie du chasseur et du guerrier, il était grand et généreux dans ses dons. J'avais reçu de cruelles blessures dans une chasse à Villers-Coterets; après de longues souffrances et des soins de toute sorte payés par Mgr le duc de

Bourbon plus de cent cinquante mille francs, il entre un matin dans ma chambre et me remet cent mille francs pour me défrayer, dit-il, des courses que je serai obligé de faire aux eaux. On verra plus loin l'histoire de ces cent mille francs. . . . . . .

. . . .

. . . .

Que la calomnie passe son chemin et aille frapper ailleurs qu'à la tombe de cette famille de héros dont le nom glorieux appartient à la France. . . . . .

. . . .

. . . .

Cependant la catastrophe de Saint-Leu approchait. Louis-Philippe venait d'être proclamé roi des Français ; la reine et Madame Adélaïde étaient venues voir leur oncle et lui apporter la plaque de la Légion d'honneur. . . . .

. . . .

. . . .

Je n'assistai point à cette entrevue ; j'étais à Chantilly, très-occupé, en apparence, de la destruction des sangliers, mais pensant uniquement aux moyens de traverser la France, si le prince se décidait à la quitter.

Le soir même de cette visite, un courrier m'apporta l'ordre d'être à une heure du matin à la grille du parc de Saint-Leu qui donnait dans la forêt de Montmorency. J'y trouvai Manoury, valet de chambre de Mgr le duc de Bourbon, qui avait la confiance de son maître et qui la méritait. Je descendis de cheval et m'acheminai sans bruit vers le château.

En me voyant entrer, Monseigneur me fit signe de marcher doucement, et, me prenant par le bras, il me dit d'une voix brève et saccadée : « Eh bien ! Monsieur, êtes-vous prêt? Il faut partir. On veut faire de moi un mannequin ; on veut que j'aille à la chambre des Pairs. Voyons! quelles sont vos dispositions ? » Je n'eus point l'air de m'apercevoir de son agitation et lui dis doucement et avec calme : « Monseigneur, je me suis assuré qu'il y avait en effet une voiture à Moisselle, toute prête pour Calais. — Mais vous savez que je ne veux pas aller en Angleterre? — Oui, Monseigneur ; aussi prendrons-nous une autre route ; seulement, le jour de votre départ pour la Suisse, Louis, votre valet de chambre, qui a votre taille et porte la même coiffure, vêtu comme vous, partira d'ici et arrivera à Moisselle avant le jour ; Manoury l'aura précédé. Quand il arrivera, la portière sera ouverte, le cocher sur son siége, et Manoury, monté derrière, donnera l'ordre du départ et indiquera tout haut la route de Calais. — Bien ; et nous? — Et Monseigneur à la même heure viendra à la grille de Saint-Priest ; j'y serai avec deux chevaux ; nous gagnerons Villejuif, où Votre Altesse trouvera une modeste calèche, et sur la route du Bourbonnais des châteaux d'amis qui ne s'enquerront pas même du nom de mon compagnon de voyage. Manoury aura l'ordre de nous rejoindre à Bâle, ou bien il y trouvera un itinéraire qui le remettra sur nos traces. »

L'agitation de son esprit paraissait se calmer en m'écoutant ; il prêtait une grande attention à ce que je disais. « Vous croyez que nous ne serons point inquiétés ? — Eh ! non, Monseigneur ; nos passeports sont en règle. On courra peut-être sur la route d'Angleterre pour vous rejoindre, mais non pour vous arrêter ; pendant ce temps nous cheminerons tranquillement, mais rapidement, vers l'Italie. — Sans doute, mais votre projet a l'inconvénient de mettre une personne de plus dans la confidence. Tenons-nous-en à la voiture de Villejuif ; seulement qu'elle soit solide et sans apparence. Je puis partir le soir, quand on se retirera, et faire dire le lendemain par Manoury que j'ai mal dormi et qu'on déjeune sans moi. »

Le jour ne devant pas tarder à paraître, je pris congé de Monseigneur le duc de Bourbon, après être convenu que je viendrais le surlendemain, avec mon fils, voir Madame de Choulot qui était restée à Saint-Leu.

J'arrivai le surlendemain de bonne heure au château; un instant avant le déjeuner, le prince me fit appeler. Il se tenait debout, dans l'embrasure de la fenêtre de son petit salon donnant sur le parc. Quand je fus auprès de lui il me dit à voix basse : « Nous n'avons oublié qu'une chose. — Quoi donc, Monseigneur? — De l'argent ! — J'ai ce qu'il faut pour la route. — Mais une fois arrivés? — Alors Monseigneur en trouvera partout. — Vous vous trompez ; d'ailleurs je ne veux pas me trouver à la merci des étrangers. — A Naples Monseigneur sera en famille. — Tout cela est bon en temps ordinaires; qui nous dit que cette révolution ne fera pas le tour de l'Europe? Non, non; je ne veux être à charge à personne et ne dépendre que de moi; il me faut peu, très-peu, mais encore je veux l'avoir. Ainsi donc, si je ne vous fais rien dire, revenez dans trois jours, à une heure du matin, au premier rendez-vous que je vous ai donné. J'ai besoin de ces trois jours; d'ailleurs tout sera plus calme, on y regardera de moins près sur les routes. »

Trois jours après cette conversation, je montai seul en tilbury, après avoir dit à mon domestique de m'amener, dans la soirée, deux chevaux à Écouen. Aussitôt son arrivée, je le fis repartir pour Chantilly avec mon tilbury.

A minuit j'étais à cheval, évitant, par la précaution que j'avais prise, les commentaires des palefreniers de service à Chantilly, en me voyant partir la nuit avec un cheval de main.

J'étais depuis une heure dans le parc de Saint-Leu ; le jour grandissait et Mgr le duc de Bourbon ne paraissait pas. Je commençais à m'inquiéter de ce retard, lorsque je l'aperçus, montant doucement la pente du parc, avec une boîte sous le bras, qui l'embarrassait beaucoup.

Je fus au-devant de lui. « Tenez, me dit-il en me tendant la boîte ; j'ai cru que je n'arriverais jamais ; cette diable de boîte glissait toujours et m'empêchait d'avancer. »

Je pris la liberté de lui demander ce qu'elle contenait. « C'est un peu d'argent, des billets ; il nous fallait cela, car vous ne savez pas plus que moi où nous allons. — Dieu aidant, nous arriverons où Monseigneur a le projet d'aller. — Oui, Dieu aidant ; mais nous commençons par partir deux heures trop tard, ou trop tôt ; car maintenant ça ne peut pas avoir l'air d'une promenade : il aurait fallu traverser la vallée avant le jour. »

J'observai que, sans la cassette, qui ralentirait notre marche et pouvait attirer l'attention, nous aurions encore le temps de gagner les bois de Sanois et le pont de Bezon. Je proposai de mettre dans nos poches ce que nous pourrions et d'abandonner le reste dans quelque cépée bien épaisse. — La fatalité le retenait à Saint-Leu. — Il parut se recueillir un

instant, et, prenant soudainement sa résolution :
« Il est plus prudent, me dit-il, de remettre ce
départ ; tout semble s'y opposer, même les soins
que je prends pour le faciliter. »

Il me parla un instant des précautions que j'avais
prises pour lui amener un cheval et approuva celles
que je prenais pour retourner. Le son de sa voix
était calme ; son regard tranquille n'annonçait aucune agitation intérieure. Les yeux de Mgr le duc de
Bourbon ne savaient bien exprimer que deux états
de l'âme, le repos et l'action. Il y avait toujours
quelque chose de contraint et de forcé qui ne pouvait
échapper à l'observation des personnes qui vivaient
dans son intimité, quand il était obligé de prêter sa
physionomie aux impressions d'un monde sans importance pour lui. Assez maître de ses passions pour
ne pas s'irriter toutes les fois qu'il en avait l'occasion, son regard étincelant peignait alors, malgré
lui, le trouble de son esprit ; rentré dans le repos,
ses grands yeux bleus semblaient nager dans le
calme d'un ciel d'azur. Tout, dans cette dernière
entrevue, me convainquit qu'il ne nourrissait dans
sa pensée aucun projet capable de l'inquiéter et de
troubler la sérénité de son regard.

Me voyant monter à cheval avec beaucoup de
difficulté, il s'approcha de moi et me dit : « Toujours
ce diable d'accident ! Les eaux d'Italie vous feront
du bien. »

Moi, j'avais le cœur triste et découragé ; il s'en aperçut et me dit, en me tendant la main : « Allons, allons, mon cher Choulot, de la patience. »

Je lui dis : « Adieu, Monseigneur. — Oui, reprit-il, adieu ! mais au revoir, et plus tôt que vous ne pensez. » Ce sont les dernières paroles que j'aie entendu sortir de la bouche de ce malheureux prince.

Je laissai un cheval à Ecouen et revins rapidement à Chantilly. Personne, excepté mon fils, n'avait eu le temps de s'apercevoir de mon absence. Cette demeure célèbre me parut triste et déserte, comme toutes les habitations des princes privées du mouvement et du bruit que leur présence y ramène.

Je m'efforçai de reprendre les occupations que la révolution de Juillet m'avait faites, occupations de destruction, tuant pièce par pièce et en masse ce que j'avais si soigneusement conservé jusque-là. Chaque succès me coûtait un regret, en pensant que c'était un plaisir de moins pour mon vieux prince et une occasion détruite de faire vivre cent familles !

Pendant toute cette journée du 26 août, je fus continuellement sous l'influence des impressions diverses que produisaient sur mon esprit l'entrevue du matin et les bruits qui circulaient autour de moi. On disait que des ordres avaient été donnés au château pour la prochaine arrivée du prince; que M. Dubois, l'architecte, venait hâter les travaux indispensables. — Je me perdais en conjectures.

Était-ce une réminiscence de ce changement de séjour, projeté peut-être depuis quelque temps, qui avait tout à coup décidé le prince à remettre ou bien à abandonner son départ? — Était-ce, après les angoisses de Saint-Leu, l'idée caressante de se retrouver au milieu de sa paisible retraite de Chantilly, dont les échos avaient à peine répété le bruit lointain des trois journées, qui, se reflétant dans l'accent de sa voix et la sérénité de ses yeux, m'avait frappé le matin?

Arrêté à cette pensée, je me disais qu'en effet Chantilly, auquel tant de souvenirs l'attachaient, lui offrait plus de garantie de bonheur que tout autre lieu sur la terre; il lui suffirait, peut-être, d'y être oublié et qu'on le laissât finir tranquillement ses jours, sans faire violence à son cœur et à ses principes, pour le rattacher à une politique qui répugnait aux sentiments de toute sa vie.

Je berçais mon affection pour le prince dans le vague des sentiments que mon cœur faisait naître; la possibilité d'un avenir sinon heureux, du moins paisible, me le montrait terminant doucement sa longue carrière au milieu de nous, entouré de soins et comblé des bénédictions de toute sa maison. Ces pensées étaient tristes, mais douces; si ce n'était point le bonheur, c'était le calme sur le bord de la tombe. Que désirer de plus pour un vieillard? . . . .

. . . .

. . . .

Il était minuit. J'entends tout à coup le galop d'un cheval sur les larges pavés qui conduisaient de la grille au château. Je cours sur la terrasse; un courrier me transmet l'ordre verbal de me trouver à Saint-Leu à huit heures très-précises. Je question-ne; rien de plus: — huit heures précises. — Le courrier s'éloigne en emmenant doucement son che-val par la bride; l'écho des voûtes et des souter-rains, un instant troublé par les pas de ce cheval, rentre dans le silence. . . . .

. . . .

.. . .

La nuit était superbe; je me promenai longtemps sur la terrasse. Que se passait-il à cette heure dans le château de Saint-Leu?

Le 27, à huit heures du matin, j'entrais dans le parc de Saint-Leu, avec le doute pénible et le tâ-tonnement de la pensée qui s'avance vers l'imprévu. Tout était calme; j'apercevais les toits d'ardoises et les cheminées du château mêlés à la masse arrondie des ormes et des chênes; l'ombre et la lumière se jouaient sur les gazons, les oiseaux chantaient dans

les massifs ; rien n'était changé. Je m'approchai
doucement, en regardant de tous côtés, sans trop sa-
voir si je devais attendre ou avancer, lorsqu'au dé-
tour d'une allée j'aperçus Madame de Choulot, les bras
étendus et la figure couverte de larmes : « Monseigneur, Monseigneur est mort ! »—Et plaçant la main
sur ses yeux : « On vient d'enfoncer sa porte ; on l'a
trouvé suspendu à l'espagnolette de sa fenêtre ! »
Je cours, je traverse les vestibules, les escaliers, au
milieu des sanglots ; j'entre dans cette chambre fu-
nèbre et je me trouve en face du malheureux prince,
les pieds nus appuyés sur le tapis et la tête inclinée
sur sa poitrine. Ses officiers, ses gens, les yeux pleins
de larmes et les bras croisés, se tenaient immobiles
autour de lui comme des statues autour d'un tombeau.

A la vue de ce corps, un respect religieux contenait l'explosion de la douleur ; chacun, demeurant
morne et silencieux, interrogeait à travers ses larmes
les objets qui entouraient le malheureux prince.

L'arrivée des autorités, de la justice, et bientôt
après des officiers de la maison d'Orléans, mêla
des figures indifférentes ou froidement préoccupées,
à tous ces visages voilés par la douleur ; les sanglots se perdirent au milieu des conversations ; on
allait, venait, se heurtait comme dans un bazar ; on
émettait des opinions qui étaient combattues et aban-
données ; enfin une voix officielle déclare que le

prince est mort d'une attaque d'apoplexie, qu'il faut
le placer dans son lit et dresser le procès-verbal en
conséquence : un procès-verbal, étant l'expression
rigoureuse de la vérité, calmera les esprits et em-
pêchera les passions d'exploiter cette catastrophe.

Cette logique ne convainquit ni l'honnête juge de
paix d'Enghien, ni les personnes de la maison. La justice maintint ce qu'elle avait écrit, et les serviteurs du
duc de Bourbon ne signèrent que ce qu'ils avaient vu.

Dès lors, envahi par des étrangers, le château
ressemblait à une cantine où les autorités civiles et
militaires venaient s'abreuver, recevant froidement
les politesses des officiers de la maison, suspects de
partager les sentiments de leur maître.

On ne s'occupait plus du prince, mais de ses fu-
nérailles. Enveloppé dans son linceul, il était oublié
sur une table dressée dans son petit salon, en attendant que les préparatifs de son embaumement fussent terminés.

Je voulus le voir encore une fois, lui dire un dernier adieu dans cette chambre où, quelques jours
auparavant, il me faisait signe d'approcher. J'entre ;
la persienne était fermée ; je ne vois rien sur la table.
Je promène mes regards autour de la chambre, et
j'aperçois, jeté dans le milieu de la cheminée, dont
on avait écarté les chenets, un paquet blanc, plié et
roulé de manière à occuper le moins de place pos-
sible, et soigneusement éloigné du tapis. — C'était

le maître du château, le propriétaire de ce Chantilly où l'on hébergeait royalement les souverains de l'Europe, le dernier héritier de cette illustre lignée des Condé! . . . .

. . . .

Paris. —Typographie de Firmin Didot frères, fils et C⁽ᵉ⁾, rue Jacob, 56.

www.ingramcontent.com/pod-product-compliance
Lightning Source LLC
LaVergne TN
LVHW021705170726
843501LV00007B/2688